# Mama, was ist der Mond?

von David Griswold
illustriert durch Eliza Reisfeld

übersetzt von
Ruth Franke und Martin Metz

ORANGE HOUSE
PUBLISHING©

Library of Congress Cataloging-in-Publication Data
Griswold, David.
I. Reisfeld, Eliza.
Mother, What is the Moon? / David Griswold, Illustrated by Eliza Reisfeld
Translated by Ruth Franke and Martin Metz – 1st ed. German

Summary: A mother and son's poetic exploration of why the moon changes shape in the sky.
ISBN-13: 978-1503218765

[1. Juvenile Fiction: Nature & the Natural World. 2. Poetry: General. 3. Juvenile Fiction: Bedtime and Dreams]

"Mama?"

"Ja, mein Schatz?"

"Was ist der Mond?"

Der Mond, mein Schatz,

kann *so vieles* sein.

Der Mond ist ein

strahlendes Licht

durch eine schwere,
blaue Decke scheinend.

Wenn die Welt sich umdreht

können wir das Licht nicht mehr sehen.

Der Mond ist ein *Strahlen*

durch eine Tür schauend.

Die Tür geht langsam zu

und langsam auf.

Der Mond ist ein
**weißer Stein**
der im dunklen Sand

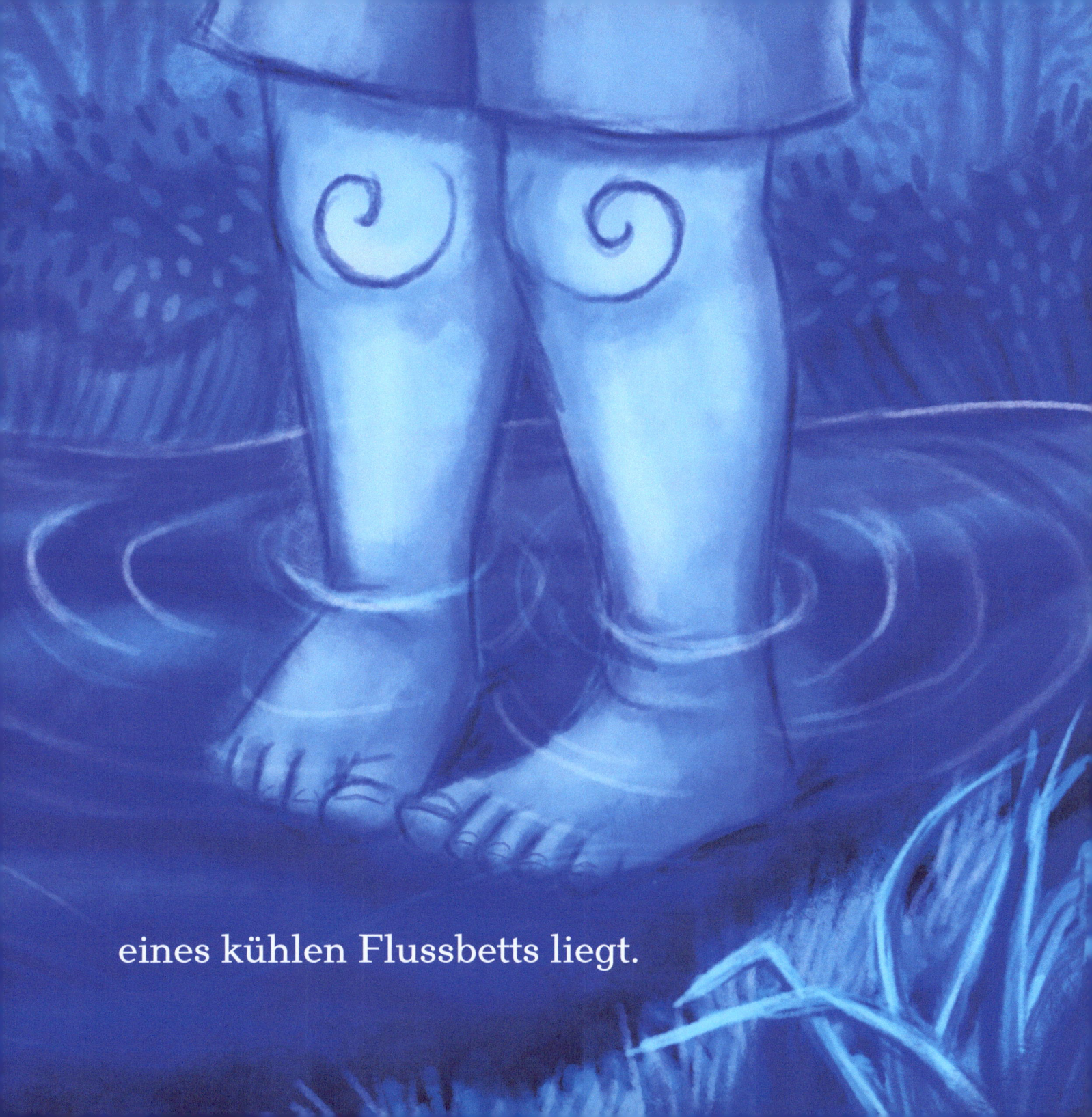

eines kühlen Flussbetts liegt.

Manchmal sehen wir den ganzen Stein.

Manchmal

nur Teile

davon.

Und manchmal funkeln

im schwarzen Wasser

allein die kleinen Sternkiesel.

Der Mond ist ein *Ball aus Schnee*

auf einem endlosen Feld gesammelt.

Wenn er schmilzt bleiben die Schneeflocken

an den Ähren hängen.

Der Mond ist ein *Lächeln*

das die Sterne zum Lachen bringt.

Auch heute Nacht

lacht der Himmel.

Der Mond mein Schatz

ist *all* das

und vieles mehr....

"Mama?"

"Ja, mein Schatz?"

"Was bin ich?"

Du mein Schatz,

bist der *Mond* in meinem Herzen.

Auch Du mein Schatz,

kannst *so vieles* sein.